30秒看世界

30秒认识神话

[英] 安尼塔·加纳利 著
[英] 梅尔文·埃文斯 绘
宋阳 译

中信出版集团 | 北京

图书在版编目（CIP）数据

30秒认识神话 /（英）安尼塔·加纳利著；宋阳译
. -- 北京：中信出版社，2019.7
（30秒看世界）
书名原文：Myths in 30 Seconds
ISBN 978-7-5217-0732-8

I. ①3… II. ①安… ②宋… III. ①神话－世界－少
儿读物 IV. ① B932.1-49

中国版本图书馆 CIP 数据核字（2019）第 114293 号

Myths in 30 Seconds

30秒认识神话

著　　者：［英］安尼塔·加纳利
译　　者：宋阳
出版发行：中信出版集团股份有限公司
（北京市朝阳区惠新东街甲4号富盛大厦2座　邮编　100029）
承 印 者：北京利丰雅高长城印刷有限公司

开　　本：787mm × 1092mm 1/16　　印　　张：5　　字　　数：60千字
版　　次：2019年7月第1版　　印　　次：2019年7月第1次印刷
京权图字：01－2018－7505　　广告经营许可证：京朝工商广字第8087号
审 图 号：GS（2018）5921号
书　　号：ISBN 978－7－5217－0732－8
定　　价：460.00元（全20册）

图书策划：见识城邦
策划编辑：肖雪　程时音　　责任编辑：卢建勇　曲沛然　于贺
营销编辑：杨璞　　装帧设计：象上设计
责任印制：刘新蓉

30秒认识神话

目录

序 / 4

创世神话 / 7

世界的起源（北欧神话） / 8
伊奘诺尊和伊奘冉尊（日本神话） / 10
捞土造世（美洲印第安神话） / 12
奥巴塔拉的金链（西非神话） / 14
风神与人类遗骨（阿兹特克神话） / 16

众神 / 19

狄安娜与牧羊人（罗马神话） / 20
杜尔迦与水牛魔（印度神话） / 22
尼普顿与密涅尔瓦（罗马神话） / 24
太阳熄灭（日本神话） / 26
失窃的神锤（北欧神话） / 28

英雄和恶作剧者 / 31

普罗米修斯盗火种（希腊神话） / 32
赫拉克勒斯的任务（希腊神话） / 34
孪生英雄与球赛（玛雅神话） / 36

阿南西与智慧罐（非洲神话）/ 38

芬恩与智慧之鲑（爱尔兰神话）/ 40

探索与冒险 / 43

埃涅阿斯的旅行（罗马神话）/ 44

伊阿宋与金羊毛（希腊神话）/ 46

布兰的旅程（凯尔特神话）/ 48

吉尔伽美什寻找仙草（苏美尔神话）/ 50

大地、河流和天空 / 53

刻瑞斯和普洛塞庇娜（罗马神话）/ 54

后羿射日（中国神话）/ 56

恒河下凡（印度神话）/ 58

月亮里的兔子（阿兹特克神话）/ 60

彩虹蟒（澳大利亚原住民神话）/ 62

葫芦娃（中国神话）/ 64

恶魔和怪兽 / 67

忒修斯与弥诺陶洛斯（希腊神话）/ 68

希格尔德屠龙（北欧神话）/ 70

阿海尤塔与吞云怪（美洲印第安神话）/ 72

珀耳修斯与美杜莎（希腊神话）/ 74

托尔钓鱼（北欧神话）/ 76

序

60秒介绍

在过去的几千年里，来自不同文化背景的人都在通过讲故事来理解周围的世界。这些故事叫作“神话”。这本书收集了世界上30个耳熟能详的神话，并且用简单的语言重新讲述。

神话并非基于事实。很多神话描述了古人的信仰和他们所崇拜的神明。在有些神话里，天神看起来跟人类很相似，但其实他们都拥有操控世界的神力。在科学诞生之前，人们认为雷雨、洪水、日落等自然现象都是天神的安排。

起初，许多神话并没有成文。诗人和说书人把故事记在心里，然后凭着记忆口口相继，代代相传。后来，古代文人开始把神话记录下来。

希腊、罗马、中国和印度的文人为后代留下了本文化中最重要的神话。在今天的非洲文化、美洲印第安文化和澳大利亚原住民文化里，神话仍然口口相传。

你不必强迫自己在30秒内读完每一个神话，你完全可以根据自己的需要快读或是慢读。你甚至可以像传统的说书人那样大声地朗诵。请一定要用心欣赏本书的精美插图，也请做好准备完成每项任务。

创世神话

在真正了解世界起源之前的很长一段时期里，人类一直用神话来解释万事万物从何而来。这些故事讲述了大地的起源，还有人类、动植物的首次出现。在许多神话中，大地和海洋是由一个伟大的天神或神灵从混沌或虚无中创造出来的。在本章，你将会读到霜巨人、宝石长矛、潜水鸟儿和金链子的故事。

世界的起源（北欧神话）

30秒大揭秘

很久以前，有两个王国。北边是冰冷的尼福尔海姆[1]，南边是火热的穆斯佩尔海姆[2]。在两个王国之间有一条空旷的深渊，叫作金伦加鸿沟[3]。

有十一条河从尼福尔海姆流出，汇入金伦加鸿沟并结成冰。冰层不断延伸，但在靠近穆斯佩尔海姆的火焰时，冰开始融化。从冰化成的水滴里面，诞生了两个生物——霜巨人伊米尔（Ymir）和一头巨大的奶牛欧德姆拉（Audumla）。伊米尔睡觉时流出的汗液变成了更多的霜巨人。

在欧德姆拉的舔食[4]下，冰里面出现了一个人形生命——布里[5]。不久，布里的儿子博尔（Bor）娶了一个女霜巨人，并且生下了奥丁（Odin）、威利（Vili）和维（Ve）三个儿子。他们三个是神族，对霜巨人憎恶至极。后来，他们杀死了伊米尔。

他们用伊米尔的身体创造了世界：皮肉化作大地，骨头化作山脉，牙齿化作岩石，鲜血化作海洋，头颅变成天穹。

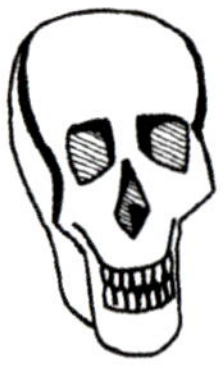

3秒钟总结

北欧世界源自霜巨人伊米尔的身体。

小知识

冰与火

北欧神话最早在13世纪的冰岛成文。冰岛有很多壮丽的景观——冻结的冰盖、巨大的冰川和喷发的火山。这些像不像冰冷严寒的尼福尔海姆和烈火熊熊的穆斯佩尔海姆呢？

1 尼福尔海姆（Niflheim），意为“雾之国”。（本书所有脚注均为译者注）
2 穆斯佩尔海姆（Muspellheim），也作“穆斯佩尔”（Muspell），意为“火之国”。
3 金伦加鸿沟（Ginnungagap），意为“巨大的裂口”。
4 根据北欧神话，欧德姆拉舔冰是为了吃冰上面的盐。
5 布里（Buri），北欧神话中的众神之祖。

冰冷的尼福尔海姆
众神用伊米尔的身体创造了世界
欧德姆拉
伊米尔
维
威利
奥丁
欧德姆拉和伊米尔出现了
出现了一个名叫布里的人类，布里的三个孙子都是神
布里
一片火海的穆斯佩尔海姆

伊奘诺尊和伊奘冉尊（日本神话）

30秒大揭秘

很久以前，世界分成两个部分：上面是天，下面是一片汪洋。男神伊奘诺尊[1]和女神伊奘冉尊[2]站在天浮桥[3]上，用一支镶着宝石的长矛搅动海洋。他们提起长矛的时候，一滴水掉了下来，变成了淤能碁吕岛。世界上第一块陆地出现了。

二神下界来到岛上生活，生了很多孩子。这些孩子变成了日本诸岛。

有一天，悲剧发生了。伊奘冉尊死了，心碎的伊奘诺尊追到了黄泉，也就是死亡之地，乞求伊奘冉尊回来。

伊奘诺尊请求死神放过伊奘冉尊。伊奘冉尊警告伊奘诺尊不要跟着她，但伊奘诺尊情难自禁，一直跟着。他还把梳子[4]上的一根齿掰下来，点燃了当火把用[5]。火光之下，伊奘诺尊才发现，原来伊奘冉尊的尸体早已腐烂。他们从此阴阳两隔。

3秒钟总结

伊奘诺尊和伊奘冉尊用一滴水造出了世界上第一块陆地。

小知识

神道教

伊奘诺尊和伊奘冉尊的神话源自古老的日本神道教。神道教教徒信奉被称为“卡米”（kami）的神灵，这些神灵存在于动物、植物和山川等自然景观中。

最重要的神灵是天照大神[6]，也就是太阳女神。

1　伊奘诺尊（Izanagi），又称伊邪那岐。

2　伊奘冉尊（Izanami），又称伊邪那美，是伊奘诺尊的妹妹。伊奘诺尊和伊奘冉尊是日本神话中神世七代的第七代兄妹神灵。

3　原文为Rainbow Bridge of Heaven，意为“天虹桥”，疑有误。更普遍的说法是二神站在天浮桥（Floating Bridge of Heaven）上搅动长矛。

4　戴在头上、把头发拢在一起的梳子。

5　在日本神话中，黄泉永远黑暗。

6　天照大神（Amaterasu），日本神话中最著名的神。伊奘诺尊从黄泉回到大地后，开始净身除秽。他脱掉的衣服和配饰变成了一个个神灵。当他用水洗脸的时候，从他的左眼、右眼和鼻孔分别生出了天照大神、月夜见尊和素盏呜尊，并称“三贵子”。另一种说法是三神为伊奘诺尊与伊奘冉尊所生。关于三贵子的来历，本书采用了后一种说法，见第26页太阳熄灭的故事。

伊奘诺尊和伊奘冉尊造出第一块陆地，他们的孩子变成日本诸岛
伊奘诺尊
伊奘冉尊
但伊奘冉尊已经永远离开了
伊奘冉尊死了
伊奘诺尊追到黄泉

捞土造世（美洲印第安神话）

30秒大揭秘

起初，大灵[1]马西奥（Maheo）创造了一片浩瀚的海洋和各种海洋生物。鱼儿们沉在水面之下，鸟儿们浮在水面之上。

有一天，鸟儿们请求马西奥赐予它们一个干燥、结实的地方，好让它们在上面行走、休息、筑巢。

马西奥应允了，但他说他需要鸟儿们的帮助——轮流潜入海底寻找泥土。

雪雁、潜鸟、绿头野鸭先后跳进海里，但都无功而返。最后，轮到小黑鸭下水了。不一会儿，它浮出水面，嘴里衔着一个小泥球。

马西奥把泥球揉捏成陆地。泥球越捏越大，到了最后，世上只有一个生灵能把它撑起来，那便是背驮世界的乌龟奶奶。[2]

3分钟任务

阿特拉斯是谁？

在希腊神话中，巨人阿特拉斯[3]背负着整个世界。请查阅资料，回答下面的问题：

阿特拉斯为什么必须支撑世界？

阿特拉斯怎样差点儿骗过了赫拉克勒斯（Heracles）？如果你是阿特拉斯，你会用什么招数？

3秒钟总结

一只小鸟帮助大灵用一个泥球造出了陆地。

1　大灵（Great Spirit），美洲印第安神话中世间万物共有灵魂的代表。
2　因此，北美洲又称“乌龟岛”。
3　阿特拉斯（Atlas），泰坦伊阿珀托斯（Iapetus）的儿子，普罗米修斯（Prometheus）的兄弟。

大灵马西奥
创造了海洋
鸟儿们要求有一块
干燥的地方筑巢
小黑鸭在海里
找到了泥土
马西奥用这些泥土
创造了世界

奥巴塔拉的金链（西非神话[1]）

30秒大揭秘

从前，上有苍穹，下有海洋，除此之外，空无一物。大神奥洛伦[2]掌管苍穹，女神奥洛昆（Olokun）统治海洋。天神奥巴塔拉（Obatala）请求奥洛伦允许他造一片干燥土地。众神给了奥巴塔拉一条长长的金链和一个袋子，袋子里装着一个灌满沙子的蜗牛壳、一只白母鸡、一只黑猫和一个棕榈果。

奥巴塔拉把金链挂在苍穹的一角，扛起袋子，顺着链子往下爬。

在接近海面的时候，奥巴塔拉倒出蜗牛壳里的沙子，然后把母鸡放了出来。这只母鸡在沙子上抓来刨去，使得沙子一点点扩散成了土地。奥巴塔拉把棕榈果种到土里，果子长成了一棵大树。奥巴塔拉只有一只猫陪伴左右，感到很孤独。于是，他挖了些土，塑成人形，然后请奥洛伦为这些泥人注入生命。这就是陆地上的第一批人类。

3秒钟总结

天神奥巴塔拉顺着金链下界，创造了大地和人类。

3分钟任务

新闻报道！

请把奥巴塔拉的故事编成一则精彩的新闻报道吧！先想一个吸引人的标题。

为什么不采访一下母鸡、猫和生活在陆地上的第一批人类呢？

1 准确地说，应该是约鲁巴神话。
2 奥洛伦（Olorun），约鲁巴神话中的众神之首。

众神送给奥巴
塔拉一条金链
和一个袋子
奥洛伦
奥巴塔拉顺着
金链爬下来
奥巴塔拉用沙
子造出土地
孤独的奥巴塔拉用
土造出第一批人类

风神与人类遗骨（阿兹特克神话）

30秒大揭秘

新世界伊始，已经没有了人类，因为大地上最后一批人类在一场大洪水中变成了鱼。[1]为了再造人类，众神需要上一个世界的人类的遗骨。

为了拿回人类的遗骨，勇敢的风神魁札尔科亚特尔[2]进入冥界，面对面挑战可怕的死神米克特兰堤库特里（Mictlantecuhtli）。狡诈的米克特兰堤库特里同意交出人类的遗骨，但他有一个条件。

他要求魁札尔科亚特尔一边绕着冥界转四圈，一边吹响海螺号角。

但是，他给魁札尔科亚特尔的海螺号角一个孔也没有，根本吹不出声音。魁札尔科亚特尔召来虫子把海螺咬出孔，又召来蜂群在海螺里面飞来飞去。这样，当魁札尔科亚特尔吹起海螺号角的时候，号角发出了巨大的嗡嗡声。

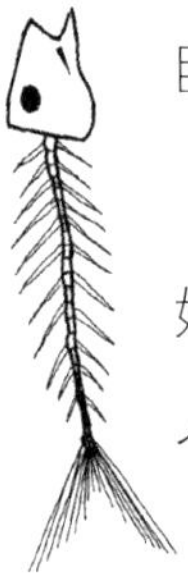

魁札尔科亚特尔回到大地，把人类的遗骨交给了女神西瓦科亚特尔[3]。她把遗骨碾碎，再混以众神的鲜血。众神目不转睛地注视着，直到第一个男人和第一个女人出现。

小知识

人类祭祀

阿兹特克宗教非常嗜血。阿兹特克人相信，必须向全能的太阳神维齐洛波奇特利[4]定期献上人血，才能确保太阳每天升起。在献血的时候，一名祭司会把被选中的人的心挖出来，把它举向太阳。

3秒钟总结

风神魁札尔科亚特尔用冥界的人类遗骨再造人类。

1 在阿兹特克神话中，创世故事分为五个太阳纪元。此处指第四个太阳纪元（即洪水纪元）结束、第五个太阳纪元开始的时候。

2 魁札尔科亚特尔（Quetzalcoatl），意为“羽蛇”，所以又称羽蛇神，阿兹特克神话中混沌之初的创世四神之一。

3 西瓦科亚特尔（Cihuacoatl），意为“蛇女”，阿兹特克神话中的大地和生育女神。

4 维齐洛波奇特利（Huitzilopochtli），阿兹特克神话中混沌之初的创世四神之一，魁札尔科亚特尔的兄弟。

克特兰堤库特里
魁札尔科亚特尔
魁札尔科亚特尔
需要人类的遗骨
来造新人
米克特兰堤库特里
试图欺骗魁札尔科
亚特尔
女神西瓦科亚特尔
把人类的遗骨碾碎
她用这些遗骨
再造人类

众神

古人认为，人类的生活和福祸，还有人间万象都由天神们操控。在一些神话里，众神高高在上，但在另一些神话里，众神则表现得更像普通的人类——他们同样争吵不休、结婚生子、互相欺骗、历经险阻等等。本章将讲述几个天神的故事：狄安娜爱上牧羊人，杜尔迦战胜水牛魔，二神争夺雅典城，天照大神躲进山洞，雷神愚弄小偷巨人。

狄安娜与牧羊人（罗马神话）

30秒大揭秘

狄安娜（Diana）是狩猎女神和月神，她在夜里驾着白鹿战车穿越天空。有一天晚上，她俯视大地，看到山坡上睡着一个英俊的年轻人。他的名字叫恩底弥翁（Endymion），是一个牧羊人。狄安娜对他一见钟情，忍不住走下战车吻了他，然后驾车离去。

恩底弥翁当时半梦半醒，透过惺忪的睡眼瞥见了女神。但当他彻底醒来时，却只看到明月当空。

从那以后，每天晚上，狄安娜都趁恩底弥翁熟睡时去看他，恩底弥翁则透过半阖的双眼看着光彩照人的女神。狄安娜害怕他的俊美容颜会随年华老去，便给他施了魔法，让他沉睡不醒，芳华永驻。之后，狄安娜把他带到一个山洞里。她每晚夜行中间在此稍做停留，只为凝视他英俊的脸庞。

3秒钟总结

月神狄安娜爱上了牧羊人恩底弥翁。

小知识

罗马诸神

罗马人敬仰希腊的宗教和神话，所以很多罗马神话都源于希腊神话，罗马人甚至全盘照搬希腊众神并给他们起了罗马名字。

希腊名字	罗马名字
阿耳忒弥斯（Artemis）	狄安娜
普鲁同（Pluto）	狄斯（Dis）[1]
得墨忒耳（Demeter）	刻瑞斯（Ceres）
宙斯（Zeus）	朱庇特（Jupiter）
珀耳塞福涅（Persephone）	普洛塞庇娜（Proserpina）

1 冥界之王，又称哈得斯（Hades）。

狄安娜爱上
恩底弥翁
她趁他睡觉时
亲吻他
被施了魔咒的恩底弥翁
沉睡不醒
她把他放到
一个山洞里
恩底弥翁永葆年轻
俊美的容颜

杜尔迦与水牛魔（印度神话）

30秒大揭秘

马希沙[1]是一个可怕的恶魔。他因受到神的特别眷顾而能够永远不死，但前提是杀他的人不是女人。马希沙自认为无所不能，甚至率领他的恶魔军团[2]攻入天国，与众神激战了一番，最终把众神赶出了天国。

沮丧的众神聚在一起，召唤神力，祈求帮助。只见天空出现一道耀眼的光，从里面走出了骑雄狮的战争女神杜尔迦（Durga）。

众神为杜尔迦送上各式各样的致命武器，杜尔迦将这些武器握在多只手上。决战的时候到了，恶魔战士发起猛攻，却被杜尔迦一个接一个地杀死，最后只剩下马希沙还活着。马希沙变作一头巨大的水牛，朝杜尔迦冲了过去。杜尔迦趁他靠近时把他打倒在地，并且砍掉了他的脑袋。马希沙终于还是被女人杀死了。世界恢复了祥和。

3分钟任务

策划一部电影

请把杜尔迦和水牛魔的故事改编成一部迷你剧：

- 绘制一个分场景的情节梗概图。
- 编写脚本，构思特效。

你想演谁呢？

3秒钟总结

战争女神杜尔迦大战水牛魔马希沙并杀死了他。

1 马希沙（Mahisha），意为“水牛”。

2 即阿修罗大军。

马希沙攻打天国
天神们向杜尔迦求助，杜尔迦大战恶魔军团
杜尔迦砍掉了水牛的脑袋
马希沙变作一头水牛

尼普顿与密涅尔瓦（罗马神话）

30秒大揭秘

海神尼普顿（Neptune）与智慧和战争女神密涅尔瓦（Minerva）都想将希腊的一座新城市[1]据为己有。他们互不相让，争吵起来。诸神之王朱庇特决定：谁给这座城市的礼物最好，谁就是它的主人。比赛的裁决者是朱庇特本尊和其他众神。

尼普顿用三叉戟敲了敲山脊，一股洪流喷涌而出，给这座城市带来了淡水和一条连接大海的通路。看样子是尼普顿要赢了？

密涅尔瓦挥了挥手，一棵橄榄树生根发芽。起初，众神对她的举动嗤之以鼻，但不久就改变了主意。橄榄树产出的橄榄和橄榄油十分美味，可供人们食用，而且橄榄树本身也是优良的建筑木材。市民们把橄榄和木材卖到外地，没多久就过上了富足的生活。这是一份绝佳的礼物。众神判定密涅尔瓦获胜，这座城市归她了。

3分钟任务

脱口秀

请一个朋友扮演密涅尔瓦，你来扮演一名著名的脱口秀主持人。请隆重向大家介绍密涅尔瓦并向她提问，比如：

1. 赢了比赛的你有什么感想？
2. 你是怎么想到送一棵橄榄树的？
3. 尼普顿算不算是有风度的输家呢？

3秒钟总结

为了争夺一座新城市的所有权，尼普顿和密涅尔瓦进行了一次比赛。

1 即雅典城（Athens）。

尼普顿和密涅尔瓦
都想当新城市的主
人，他们必须拿出
最有用的礼物
尼普顿给这座城市
带来淡水
密涅尔瓦送了
一棵橄榄树
橄榄树产出橄榄
和木材
市民们富裕起来
密涅尔瓦获胜

太阳熄灭（日本神话）

30秒大揭秘

风暴之神素盏鸣尊[1]的母亲是伊奘冉尊。伊奘冉尊死后，素盏鸣尊悲哭不止。他的父亲[2]心生厌烦，便把他放逐黄泉，好与母亲做伴。[3]

在赴黄泉之前，素盏鸣尊去神织殿跟他的姐姐天照大神告别。不承想，姐弟之间发生了激烈的争吵。怒气冲冲的素盏鸣尊抡起一匹马猛摔过去，砸穿了殿顶。

性情温柔的天照大神受到了惊吓，躲进一个幽暗的山洞里。当她的身影完全隐没的时候，太阳熄灭了，世界顿时一团漆黑。

思兼[4]灵机一动，把一条魔法珠宝绳和一面魔镜挂在洞外的一棵树上，然后让黎明女神绕圈跳舞。

洞外这般热闹，天照大神十分好奇，禁不住探出头瞄了一眼，却被镜子里自己的影子晃得头晕眼花。守在洞口的几个天神合力把她拉出了山洞，还用魔法绳封住了洞口。于是，太阳又出来了。

3分钟任务

太阳神

许多古代文化里都有太阳神，比如古埃及的拉（Ra）、古希腊的阿波罗（Apollo）和古印度的苏利耶（Surya）。看看你能不能回答下面的问题：

1. 哪种鸟与拉有关？
2. 阿波罗的另一个名字是什么？
3. 苏利耶怎样穿越天空？

3秒钟总结

为了让太阳再次照耀大地，天神们把藏在山洞里的天照大神引诱出来。

1 素盏鸣尊，又称须佐之男。
2 即伊奘诺尊。
3 另一种说法是，素盏鸣尊因为冒犯了伊奘诺尊被放逐黄泉。
4 思兼（Omoiknane），又译思金，日本神话中的智慧之神。

天照大神与素盏呜尊大吵一架，天照大神躲进了山洞，太阳熄灭了
天神在洞外挂了一面魔镜
天照大神出来一瞧
天神们把她拽出山洞
太阳又出来了

失窃的神锤（北欧神话）

30秒大揭秘

雷神托尔（Thor）拥有一把令人闻风丧胆的战锤，名叫雷神之锤（Mjollnir），是侏儒们为他铸造的。此锤一旦抛出必定击中目标，然后再回到托尔的手上。它还拥有护佑之力，用来在婚礼上祝福新娘。

巨人索列姆[1]十分嫉妒，偷走了神锤。他告诉托尔，要是自己娶不到美丽的女神芙蕾雅[2]，他绝不会把神锤还回去。

芙蕾雅拒绝嫁给索列姆。海姆达尔[3]心生一计：他让托尔乔装成芙蕾雅的样子，假扮新娘参加婚礼，然后找机会把神锤偷回来。

托尔穿上婚服，蒙上长长的面纱，来到了索列姆的婚礼上。他在婚礼上一通胡吃海塞，险些露出马脚。

很快就到了祝福新娘的时候，索列姆命人拿出神锤。说时迟那时快，托尔夺过锤子，扯掉伪装，举起神锤，给了索列姆致命一击。

小知识

雷神托尔！

托尔不仅身材高大，性情也是大大咧咧。他顶着一头乱蓬蓬的红头发，长着红胡子，脾气暴躁，一刻都不肯安静，做起事情来总是特别闹腾。他喜欢打架斗殴，暴饮暴食。但即便如此，他仍然是法律和秩序之神，也是众神和人类的保护神。

3秒钟总结

托尔假扮新娘拿回了失窃的神锤。

1　索列姆（Thrym），北欧神话中暴风的化身，嗜好破坏，是著名的霜巨人首领之一。
2　芙蕾雅（Freyja），北欧神话中的爱与美之神。自众神以降的所有人，包括巨人和侏儒们都渴望娶她为妻。
3　海姆达尔（Heimdall），北欧神话中彩虹桥的守护神，也是破晓之神。

索列姆
索列姆想娶芙蕾雅为妻
巨人索列姆偷走托尔的神锤
托尔假扮成芙蕾雅
芙蕾雅
托尔
托尔在婚礼上夺回神锤并砸死了索列姆

E=MC²

英雄和恶作剧者

神话里的英雄大多善良勇敢。他们创造丰功伟绩，还把知识和其他重要的礼物送给人类。恶作剧者的所作所为恰恰相反。他们给人间和秩序井然的神界带来混乱和迷茫。在本章，你既能读到勇战九头蛇、守泉捉鲑等英雄事迹，也会读到盗取火种、愚弄死神、怒摔智慧罐等恶作剧。

普罗米修斯盗火种（希腊神话）

30秒大揭秘

普罗米修斯是一个泰坦[1]的儿子。有一次，奥林匹斯山众神派给他一个任务，让他帮着决定祭品牛在神和人之间应该怎样分配。为了让人类得到足够的食物，普罗米修斯想出一条妙计。他把祭品牛分成两堆。一堆全是牛骨头，上面盖着看似美味的肥油，而另一堆是牛胃，里头藏着真正好吃的牛肉。宙斯看中了那堆骨头，把肉留给了人类。

上当受骗的宙斯恼羞成怒，禁止人类用火，以示惩罚。

从那以后，人类被迫生活在寒冷和黑暗当中，也没有办法把普罗米修斯想方设法给人类争取来的肉弄熟。宙斯的冷酷无情激怒了普罗米修斯。胆识过人的普罗米修斯用一根粗实的茴香枝从太阳神那里盗来火种，并且把火种传给了人类。为了惩罚普罗米修斯的背叛之举，宙斯对他施以酷刑——把他绑在山腰上，让一只巨鹰日复一日啄食他的肝脏。[2]

3秒钟总结

普罗米修斯从太阳神那里偷来火种，送给人类，并因此受到了惩罚。

3分钟任务

找到盗火者

在世界各地的神话里，都有类似普罗米修斯这样盗取火种、帮助人类的人物。查一查在印第安文化中切罗基部落（Cherokee）的故事里谁是盗火者。你还能找到其他文化中的盗火者吗？

1　泰坦（Titan），希腊神话中曾统治世界的古老神族。普罗米修斯的父亲是泰坦伊阿珀托斯，前文提到的阿特拉斯是普罗米修斯的兄弟。

2　根据希腊神话，多年以后，赫拉克勒斯杀掉巨鹰，解救了普罗米修斯。

普罗米修斯
愚弄众神
愤怒的宙斯禁止
人类用火
普罗米修斯从太阳
神那里偷来火种
宙斯命人把普罗米修
斯绑在山腰上，并让
一只鹰每天去啄食他
的肝脏

赫拉克勒斯的任务（希腊神话）

30秒大揭秘

女神赫拉（Hera）诱使赫拉克勒斯杀死了自己的妻子和孩子。作为惩罚，国王欧律斯透斯（Eurystheus）交给赫拉克勒斯十二项貌似不可能完成的任务。第一项任务是杀死涅墨亚猛狮（Nemean lion）。这头狮子的皮肤极为坚硬，任何武器都扎不透。最后，赫拉克勒斯用棍子把它打晕，然后赤手空拳勒死了它。从那以后，赫拉克勒斯便一直披着这身狮皮保护自己。

赫拉克勒斯的下一个任务是杀死勒耳那水蛇（Lernaean hydra）。它有九个头，呼出的气是有毒的，能置人于死地。赫拉克勒斯每砍掉一个头就马上把切口封上，以免再长出新头来。

再后面的任务包括诱捕一头巨大的野猪，杀死一群食人鸟，围捕一群烈马等。在第十二项也是最后一项任务中，他成功抓住了刻耳柏洛斯（Cerberus）——守卫地狱之门的三头犬。至此，赫拉克勒斯大功告成。他从杀妻灭子的大罪中解脱出来，获得了永生。

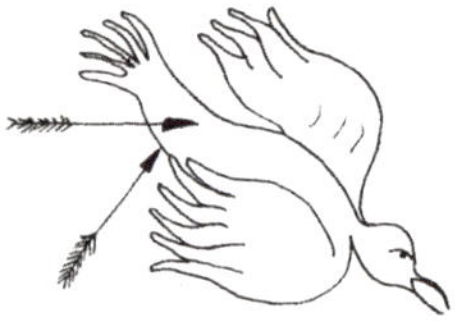

3分钟任务

英雄侧写

请再多找一些赫拉克勒斯的故事，完成下面的英雄侧写：

出生地	最完美的任务
父母	最惨烈的任务
职责	优势
最喜欢的武器	弱点

3秒钟总结

赫拉克勒斯完成了作为惩罚的十二项危险任务，获得了永生。

赫拉克勒斯被迫接受作为惩罚的十二项危险任务
他先杀死了一头猛狮
他又杀死了九头蛇
他在最后的任务中抓住了狰狞的刻耳柏洛斯

孪生英雄与球赛（玛雅神话）

30秒大揭秘

斯巴兰克（Xbalanque）和乌纳普（Hunahpu）二神是孪生英雄。他们的父亲被地府西瓦尔巴（Xibalba）的死神们害死了，兄弟俩想为父复仇。

死神们向他们发出挑战，提议要打一场球赛。兄弟俩历尽艰难险阻——爬陡崖，渡血河，勇闯幽府、刀屋、寒室和蝙蝠舍，这才来到了地府。

在跟蝙蝠搏斗时，一只巨蝙蝠把乌纳普的头抓了下来，送到了地府。斯巴兰克用大南瓜给他的兄弟做了个新头。

球赛开始了。死神们竟然把乌纳普原来的头当成球来打。斯巴兰克把头扔出球场，然后趁死神们出去寻找的时候，悄悄地把真头换成了南瓜头。比赛继续进行，突然，南瓜裂成了两半。

死神们恼羞成怒，欲杀之而后快，结果反倒死在了兄弟俩的手中。胜利的孪生英雄升天变成了太阳神和月神。

3秒钟总结

孪生英雄在一场致命的球赛中击败了地府的死神们。

3分钟任务

发明一个游戏

古人发明了各式各样的游戏，他们把现成的东西做成球棒、球和其他装备。请你利用家里现成的物件，发明一个古怪的球类游戏。给你的游戏起个名字并制定一套规则。

地府的死神们挑战
孪生英雄
孪生英雄
好不容易
来到地府
球赛开始（球是
乌纳普的头）
孪生英雄把头
换成了南瓜
南瓜裂开，孪生
英雄杀掉死神们
孪生英雄变成太阳
神和月神

阿南西与智慧罐（非洲神话）

30秒大揭秘

很久以前，人们不会种庄稼、织布、制造金属工具。伟大的神尼阿美（Nyame）是世界上所有智慧的守护者，他把智慧存在了一个陶罐里。

有一天，尼阿美把智慧罐交给了蜘蛛人阿南西（Anansi）。贪婪的阿南西想独占所有智慧，于是打定主意把智慧罐藏到一棵大树的树顶上。

阿南西用葡萄藤做了条绳子，把智慧罐系在腰间，然后开始爬树。

阿南西爬得十分艰难，因为智慧罐在他的身前不停地晃来晃去，搞得他又累又气。他的小儿子告诉他可以用后背驮着智慧罐。果然，这样爬起来轻松多了。可是，阿南西依旧很生气——怎么小儿子比他还聪明呢？

气急败坏的阿南西把智慧罐扔到地上。罐子摔得粉碎，智慧全都跑了出来，散布到了世界各地。

3秒钟总结

阿南西的贪婪和愤怒使智慧散布到了世界各地。

3分钟任务

恶作剧者

美洲印第安神话里的渡鸦（Raven）和北欧神话里的洛基（Loki）都是胆大妄为、诡计多端的恶作剧者。

从这些恶作剧者中选一个，看看他都玩过什么把戏。

尼阿美把智慧罐
交给阿南西
阿南西把智慧罐绑在腰间
艰难的爬行令
阿南西怒不可遏
他扔掉智慧罐，
智慧散布开来

芬恩与智慧之鲑（爱尔兰神话）

30秒大揭秘

巨人芬恩·麦克库尔（Finn MacCool）是一位大英雄。年轻时，他曾拜在一位聪明的诗人门下。这位诗人住在塞盖斯泉（Well of Seghais）旁边。七年来，诗人一直守在泉边，为的是捉到神奇的智慧之鲑。

据说，谁吃了智慧之鲑就能获得世界上所有的知识。

有一天，诗人终于捉到了智慧之鲑。他把鱼交给芬恩去烤熟，但不许芬恩偷吃。

鱼熟了，可滚烫的鱼皮把芬恩的大拇指烫伤了。芬恩把大拇指放进嘴里含着。一瞬间，他觉得自己变聪明了。诗人发现了之后，让芬恩把鱼全都吃掉，因为这条鱼注定属于芬恩。[1]

就这样，芬恩吃掉了智慧之鲑。召唤神鲑的魔力时，他只需要把大拇指放进嘴里即可。

3秒钟总结

芬恩不小心尝到了智慧之鲑，从而获得了所有知识。

巨人堤

北爱尔兰的巨人堤（Giant's Causeway）由数千根延伸至大海的火山岩柱组成。根据爱尔兰神话，有一次，芬恩·麦克库尔与敌对的巨人隔海对战，他将巨大的石块抛向敌人，这些巨石落下来，形成了巨人堤。

1　根据爱尔兰神话，有一位智者曾告诉诗人，他将在日后捉到智慧之鲑，但这条鱼不是给他吃的，而是给芬恩的。

芬恩拜在一位聪明的诗人门下
诗人捉到智慧之鲑，芬恩把鲑鱼烤熟
芬恩不小心尝了 口
诗人让芬恩把整条鱼都吃掉
$E=MC^2$
芬恩获得全世界所有的知识

探索与冒险

许多神话里的英雄都曾踏上伟大的探索与冒险之旅，面对危险、灾难和死亡。有些英雄的目标是一件魔物或神器，而有些英雄的目标是更珍贵的东西——永生的秘密。在本章，你会读到英雄们是怎样觅得永生仙草，怎样找寻无价之宝金羊毛，怎样历尽磨难建立新的家园，还有怎样踏上了一次有去无回的旅程。

埃涅阿斯的旅行（罗马神话）

30秒大揭秘

正如诸神的预言，特洛伊战争（Trojan War）结束后，战败的埃涅阿斯（Aeneas）王子带领一群忠诚的伙伴逃离了特洛伊城，启航去寻找新的家园。

在海上航行了漫长的六年之后，埃涅阿斯的船在北非海岸的迦太基（Carthage）附近撞沉了。埃涅阿斯与迦太基狄朵女王（Queen Dido）陷入爱河，狄朵希望他留下来跟她一起统治迦太基。

然而不久后，众神便来提醒埃涅阿斯，不要与自己的命运对着干。于是，埃涅阿斯离开了迦太基，继续扬帆前行。心碎的狄朵自杀了。

接着，埃涅阿斯来到了意大利的库迈（Cumae）。在那儿，他遇到了西比拉（Sibyl）——守卫冥界入口的女先知。她带领埃涅阿斯进入了冥界，并且向他展示了未来的罗马城。

最后，埃涅阿斯到达了拉丁姆（Latium），在那里完成了他的使命，还娶了当地国王的女儿拉维尼娅（Lavinia）。据说，他们的后代就是在拉丁姆建立了强大的罗马的。

3秒钟总结

埃涅阿斯逃离特洛伊城，来到意大利，他的后代在那里建立了罗马。

了解怪物！

在前往库迈的途中，埃涅阿斯和他的船员们遇到了两个可怕的怪物。一个是卡律布狄斯（Charybdis），另一个是库克罗普斯（Cyclops）。看看你能不能发现这两个怪物的可怕之处。

埃涅阿斯王子逃
离特洛伊城
埃涅阿斯和拉维
尼娅的后代建立
了罗马
他爱上了迦太基
女王狄朵
埃涅阿斯到达
终点拉丁姆
先知西比拉
揭示未来

伊阿宋与金羊毛（希腊神话）

30秒大揭秘

希腊英雄伊阿宋（Jason）是伊俄尔科斯（Iolcus）王位的合法继承人，但王位却被他的叔父珀利阿斯（Pelias）夺走了。珀利阿斯提出，如果伊阿宋能从科尔喀斯（Colchis）带回无价之宝金羊毛（Golden Fleece），他愿意归还王位。但这似乎是一项不可能完成的任务。

伊阿宋命人建造了一艘又大又轻快的船，取名“阿耳戈”（Argo），并且召集了一群英雄与他同行。这些英雄被称为“阿耳戈英雄”（Argonauts）。

在旅途中，阿耳戈英雄屡屡遭遇和化解危险。他们战胜了鸟身女妖哈耳庇厄（Harpies）。他们还侥幸从撞岩（Clashing Rocks）中间穿过。那是不断相互碰撞的两座巨崖，剧烈的撞击足以将过往船只挤成碎片。

伊阿宋终于抵达科尔喀斯，然而科尔喀斯国王却给他设置了一系列的考验，比如牵着一对喷火的公牛犁地，单枪匹马跟整个勇士军团厮杀，等等。最终，在国王的女儿美狄亚（Medea）的帮助下，伊阿宋将守护金羊毛的毒龙催眠，然后偷走了金羊毛。完成任务的伊阿宋启程返乡。

3秒钟总结

伊阿宋和阿耳戈英雄克服重重艰难险阻，终于得到了金羊毛。

小知识

伊阿宋的结局

伊阿宋许诺永远爱美狄亚，但他背信弃义，抛弃了美狄亚，改娶科林斯（Corinth）国王的女儿格劳刻（Glauce）为妻。为了报复伊阿宋，美狄亚送给格劳刻一件带毒的衣服，毒死了格劳刻和她的父亲。美狄亚甚至亲手杀掉了为伊阿宋所生的两个儿子。伊阿宋从此郁郁寡欢。有一回，他在“阿耳戈号”里睡着了。腐烂的船板掉下来，把他砸死了。

伊阿宋乘“阿耳戈号”出海寻找金羊毛
他战胜了哈耳庇厄女妖
伊阿宋偷走了金羊毛
他驯服了喷火的公牛
国王的女儿美狄亚帮他催眠看管金羊毛的毒龙

布兰的旅程（凯尔特神话）

30秒大揭秘

很久以前，爱尔兰英雄布兰（Bran）在他的大殿里举办一场盛宴。席间，一个美丽的女子走了进来，为大家唱歌。她唱道：一群陌生人将要前往一片没有疾病和死亡的神奇之地。

布兰决意找到这片乐土。他带着三十个同伴出发了。几天后，他们来到了快乐异世界（Happy Otherworld）的一个岛上。在这片祥和安宁的幸福之地，生活着永生不死的精灵族。

一年以后，布兰的同伴涅赫坦（Nechtan）思乡情切，劝大伙儿跟他一道返回爱尔兰。精灵族严厉地警告他们：无论如何，你们都决不能再踏上爱尔兰的土地。

在即将抵达爱尔兰海岸的时候，涅赫坦直接跳下船，冲向海滩。然而，就在他奔跑的时候，他化作了尘土。这就是精灵族警告他们的原因。悲伤的布兰下令掉转船头，离开家乡。从此以后，再也没有人见过他们。

3秒钟总结

布兰来到快乐异世界，但他再也没办法回到故乡了。

3分钟任务

创作一篇连环漫画

请把布兰寻找乐土的故事改编成一篇连环漫画吧。

- 画出漫画框格。
- 添加对话框，在里面写上角色的台词。
- 添加额外的说明文字，以便解释故事，推动情节发展。

布兰来到乐土
涅赫坦想家了
布兰和他的同伴启程返航，精灵族警告他们不要再踏上爱尔兰的土地
涅赫坦上岸后便化作了尘土

吉尔伽美什寻找仙草（苏美尔神话）

30秒大揭秘

乌鲁克（Uruk）是古美索不达米亚（Mesopotamia）最伟大的城市之一。国王吉尔伽美什（Gilgamesh）是半神半人，所以他跟其他人类一样，早晚有一天会死。后来，好友恩奇杜（Enkidu）的死让他更加惧怕死亡。

为了长生不老，他踏上了一次伟大的探索之旅。他首先找到了大洪水（the Great Flood）的幸存者乌特纳皮什提姆（Utnapishtim）。

乌特纳皮什提姆告诉他，冥界有一个湖，湖底生长着一棵能让人返老还童的稀世仙草。

听到这儿，吉尔伽美什立刻就把大石头绑到自己的双脚上，沉入冥界。在渡船人乌尔沙纳比（Urshanabi）的帮助下，吉尔伽美什找到了仙草。他动身前往乌鲁克，想与他的子民分享仙草。

在回去的路上，他夜宿某地。当他在小溪里洗澡的时候，一条蛇趁他不备偷走了仙草。回到家乡的吉尔伽美什一蹶不振。他永远失去了永生的机会。

3秒钟总结

吉尔伽美什发现了永生的秘密，但永生仙草被一条蛇偷走了。

小知识

永生

关于人类永生的神话很多。在中国神话里，王母娘娘有一种长生不老药，她的蟠桃园里还种着仙桃。凡人如果吃了她的长生不老药或者仙桃，就能获得永生。

想要获得永生的吉尔伽美什
找到乌特纳皮什提姆
乌特纳皮什提姆
指点他去冥界
吉尔伽美什找
到让人返老还
童的仙草
一条蛇在他的归途
中偷走了仙草

大地、河流和天空

大自然令古人困惑。各种自然景象——日出、日落、高耸的群山、湍急的河流——都是那么不可思议。先民相信万千景象均是神创，并且把这些神创故事代代相传。在本章，你将会读到季节形成、十日当空、恒河下凡、明月变暗、彩虹蟒蛇和雷公被困等故事。

刻瑞斯和普洛塞庇娜（罗马神话）

30秒大揭秘

刻瑞斯是掌管丰收的女神。她有一个美丽的女儿，名叫普洛塞庇娜。冥界之王狄斯一心想娶普洛塞庇娜为妻，但他知道刻瑞斯绝不会同意。

有一天，普洛塞庇娜正在采花，狄斯把她掳走了。刻瑞斯伤心欲绝，到处寻找失踪的女儿，甚至忘记照顾庄稼。庄稼死光，颗粒无收。没有了粮食，人们只能忍饥挨饿。

最后，诸神之王朱庇特同意普洛塞庇娜从冥界返回地上，但前提是她不能吃冥界的任何食物。

可是，普洛塞庇娜已经吃了几粒石榴籽。尽管只是几粒，还是坏了事儿。朱庇特命令她把一年分成两段，一段在冥界与狄斯度过，一段在地上陪伴刻瑞斯。

就这样，人间有了季节之分。普洛塞庇娜在冥界的时候，刻瑞斯只顾着难过，无心履职，这便是寸草不生的冬天。普洛塞庇娜回到大地的时候，刻瑞斯复又欢喜起来。于是，春天来了，大地百花盛开。

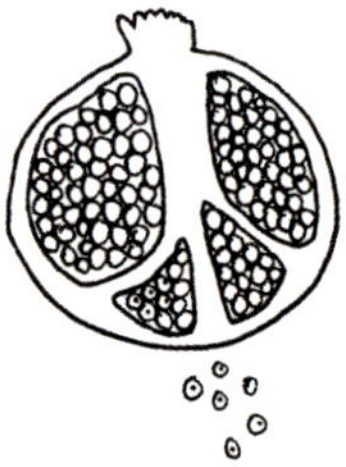

3秒钟总结

冥王绑架了普洛塞庇娜，这使人间有了季节轮回。

3分钟任务

对应的希腊神话

请找到与这段罗马神话对应的希腊神话，看看你能不能找到下面的内容：

- 刻瑞斯、普洛塞庇娜和朱庇特在希腊神话中的名字。
- 这个故事在希腊神话和罗马神话中的区别。

狄斯绑架了普洛塞庇娜
普洛塞庇娜在大地的时候，人间便是春天
普洛塞庇娜因为吃了几粒石榴籽而被迫留在冥界的时候，人间便是冬天

后羿射日（中国神话）

30秒大揭秘

很久以前，天上有十个太阳轮番照耀大地。大地温暖宜人，庄稼茁壮生长，人们过着幸福的生活。

可是很不幸，有一天，十个太阳决定同时升起。酷热使大地干涸，庄稼枯萎，不断有人饿死。

天帝看到这等人间惨象于心不忍，便把射师后羿召来，差他去把太阳射下来。

后羿张弓搭箭，对准目标，接连射落了六个太阳。这时，后羿还剩下四支箭。如果后羿把十个太阳都射下来，大地就会陷入永恒的黑暗。灾难近在眼前。

天帝悄悄地拿走了一支箭。在第九个太阳被射落之后，后羿发现箭用完了，只好停了下来。就这样，最后一个太阳留了下来，继续照耀大地。没多久，乌云密布，甘霖普降，大地得救了。

3秒钟总结

为拯救大地，射师后羿射落了九个太阳。

小知识

后羿的结局

被后羿射落的九个太阳其实是东方天神帝俊的孩子。有一种说法是，盛怒之下，帝俊将后羿和他的妻子嫦娥（月亮仙子）逐出天庭，贬为凡人。

十个太阳同时
照耀人间
留下最后一个
太阳照耀大地
大地开始燃烧
天帝偷走
了一支箭
后羿将太阳
逐个射落

恒河下凡（印度神话）

30秒大揭秘

国王萨竭罗（King Sagara）准备举行一次马祭[1]，让世人知晓他是世上最伟大的统治者。他选了一匹最出色的马作为祭马。

天神之王因陀罗（Indra）担心萨竭罗的力量太过强大，于是偷走了祭马，把它藏到了地下深处。萨竭罗发现马不见了，立刻派他的六万个儿子去找马。但是，他的儿子们全都被地心之火烧成了灰烬。[2]

很多年后，萨竭罗的孙子[3]跋吉罗陀（Bhagiratha）发誓要让祖先们复活，而唯一的办法就是让天界圣河——恒河（River Ganges）落入凡间。

跋吉罗陀祈求天神们帮助他。最终，天神们命令恒河下凡。但如果恒河直接坠落到大地上，巨大的冲击力会将大地摧毁。

湿婆神（Lord Shiva）用他那缠结的长发抓住了恒河。这样，恒河化作涓涓细流轻轻流淌到大地上。跋吉罗陀又把下凡的恒河引入地府。恒河水从祖先们的骨灰上流过，祖先们复活了。

3秒钟总结

湿婆神用头发抓住恒河，让它缓缓落到大地上。

圣水

对于印度教徒来说，恒河是一条圣河，被奉为女神甘伽（Ganga）。信徒们长途跋涉，来到恒河沿岸，跳入恒河净身。他们相信，恒河水会洗去他们的罪恶，让他们获得自由。

1 马祭，古印度最隆重的宗教仪式，国王通过举办马祭证明自己拥有至高的王权。马祭的过程如下：首先挑选出一匹最优秀的马，让它在一名王室武士的保护下自由奔跑一年。所到之处如为他国之地，当地的统治者可战可降。如果在放行的一年间，祭马没有被他国俘获，就会由被征服土地的统治者们送回本国。之后，国王将杀掉祭马祭神并大宴天下。马祭成功举行后，国王就会获得转轮王（Chakravarti，即世界之王）的头衔。

2 根据印度神话，这六万个儿子为一母所生，骄横成性，在掘地找马的时候，惹恼了正在修炼的伽毗罗神（Kapila），所以被烧成了灰。萨竭罗还有一个儿子，为另一位王后所生，下一段提到的跋吉罗陀便是这个儿子的后代。

3 按照另一种说法，跋吉罗陀是萨竭罗的玄孙。

国王萨竭罗的后代跋吉罗陀
发誓要让六万个祖先复活
湿婆神
湿婆神用他的头
发把恒河分流
恒河水流经地府
并使祖先们复活

月亮里的兔子（阿兹特克神话）

30秒大揭秘

大地和天空形成后，众神聚在一起讨论由谁来做新一代的太阳神和月神。[1]富贵骄矜的特库西泽卡特尔（Tecuciztecatl）和贫穷谦卑的纳纳瓦金（Nanahuatzin）走上前来。众神设置了一系列任务，让他们证明自己的价值。最后一项任务是所有任务里最危险的——众神点燃一团炽焰，命令他们跳进去。

纳纳瓦金毫不畏惧，立时冲进火焰。特库西泽卡特尔也想跟着冲进去，但连续冲了四次都没有成功。

就这样，纳纳瓦金升天成为新一代太阳神。他发出万丈光芒，令众神无法直视他的脸。特库西泽卡特尔不甘示弱，紧随纳纳瓦金升天变成了月神。特库西泽卡特尔同样耀眼夺目的光芒令众神担心他会盖过太阳神。

为了让月亮变暗，一位天神把一只兔子抛到了月亮上，遮住一部分月光。这就是为什么月球表面上有一个酷似兔子的阴影。

3秒钟总结

两位阿兹特克天神参加了一场生死任务，最终成为太阳神和月神。

3分钟任务

谁在月亮里面？

请上网找一张清晰的全月面照片，观察月球表面的阴影部分。你能看到一张人脸或者一只兔子吗？还是你看出了别的东西？如果有兴趣的话，你可以把照片打印出来，然后在照片上把你所看出的东西画出来。

1　此处指第五个太阳纪元开始的时候。

特库西泽卡特尔成为月神并发出同样夺目的光芒
纳纳瓦金成为太阳神并发出万丈光芒
纳纳瓦金率先冲进炽焰
一位天神把一只兔子抛到月亮上
特库西泽卡特尔和纳纳瓦金争当太阳神
这只兔子使月亮变暗

彩虹蟒（澳大利亚原住民神话）

30秒大揭秘

在很久以前，也就是梦幻时代（Dreamtime），彩虹变成一条蟒蛇，来到人间，游走四方。有一天，他来到了一处亮着篝火的地方。那是一座村庄。村民们热情地接待了他，而作为回报，他教村民们唱歌跳舞。

有一天，暴风雨来袭，两个男孩跑进蛇屋里避雨。饥饿难耐的彩虹蟒忍不住把他们整个儿吞了下去。

第二天，彩虹蟒偷偷离开了村子。村民们发现两个男孩不见了，于是开始追赶。

被发现的时候，彩虹蟒正盘山酣睡。村民们悄无声息地靠近他，在他身侧划开了一道口子。早已变成鹦鹉的两个男孩从裂口处飞了出来。

这时，彩虹蟒醒了。他感觉到身上有伤，很是愤怒，便拼命地盘绕这座山，直到山体崩塌，岩石四下滚落。一时间，狂风呼啸，风雨大作。彩虹蟒钻到地下，蜿蜒爬行，所到之处形成了大地上的山丘、湖泊和河流。

3秒钟总结

彩虹蟒来到大地，创造了山、河、湖和雨。

小知识

梦幻时代

在澳大利亚原住民的信仰中，所有地形特征都是神圣的。它们是由祖先的灵魂在梦幻时代创造的。祖先的灵魂以人形或是动物的形态穿越澳大利亚，一边行进一边塑造了大地上的风景。

他吞掉了两个男孩
彩虹变作蟒蛇
来到人间
村民们在他的身侧划开一道口子
愤怒的彩虹蟒
召来暴风骤雨
在地下穿行的彩虹蟒塑造
了大地上的山、河和湖

葫芦娃（中国神话）

30秒大揭秘

那是一个夏天，农夫正在田里干活，突然传来一阵隆隆的雷声。他赶快把两个孩子送进屋里，又在门上挂了一个铁笼子。没过多久，乌云密布，狂风大作，大雨倾盆，雷公从天而降。农夫逮住雷公，一把将他扔进笼子里，然后砰地关上了笼门。

农夫想杀掉雷公，再把他腌起来下饭吃。

第二天，农夫去集市买东西。出发前，他叮嘱两个孩子千万不要给雷公喝水。可是，孩子们架不住雷公的百般恳求，还是拿了点儿水给他。喝完水，雷公立刻冲出笼子。他从嘴里拔出一颗牙，送给孩子们当谢礼，还告诉孩子们把牙种到土里。孩子们照他说的做了，只见这颗牙生根发芽，结出了一个大葫芦。

雷公就此离开人间。顷刻间，暴雨来袭，转眼淹没了大地。几乎所有人都被淹死了，只有两个孩子坐在漂浮的葫芦里面，躲过了大洪水。[1]

3秒钟总结

农夫把雷公关进笼子，雷公制造洪水惩罚人类。

洪水神话

大多数文化都有大洪水毁灭大地和人类的神话。一般来说，神或神灵制造洪水是为了惩罚人类的邪恶。洪水过后，总会诞生一个更美好的新世界。

1　根据中国神话，这两个孩子可能是创世神伏羲和女娲，下页图中葫芦船里的农夫应为绘者误添加。

农夫把雷公关
进了笼子
只有孩子们
幸存下来
孩子们给雷公拿水喝
雷公冲出笼子并制造了
一场可怕的大洪水

恶魔和怪兽

在世界各地的神话场景中，常有巨大的恶魔和怪兽张牙舞爪，大肆作恶。它们被英雄和众神视为死敌，难逃被赶尽杀绝的命运，最终再也无法危害人间。本章的几个神话将涉及食人牛头怪、深山吞云怪、守财恶龙、蛇发女妖和巨海蛇。

忒修斯与弥诺陶洛斯（希腊神话）

30秒大揭秘

克里特（Crete）国王米诺斯（King Minos）修建了一座迷宫，里面困着一头恐怖的牛头怪，名叫弥诺陶洛斯[1]。米诺斯要求雅典国王每隔九年送来七男七女给牛头怪当食物。[2]

雅典国王的儿子忒修斯（Theseus）知道，从没有人活着从迷宫走出来，但他还是自告奋勇前往克里特岛斩妖除怪。

忒修斯来到了克里特岛。国王的女儿阿里阿德涅（Ariadne）对他一见倾心，主动表示可以提供帮助，但条件是忒修斯必须得娶她。忒修斯答应了，于是她送给忒修斯一个线团。

忒修斯把线头儿拴在了迷宫的入口，然后往迷宫里面走，边走边松开线团。在迷宫的中央，他杀死了牛头怪。顺着来时留下的线，忒修斯安然无恙地走出了迷宫。忒修斯带着阿里阿德涅和被解救的雅典人启程返航。在归途中，忒修斯背弃了自己许下的诺言，把阿里阿德涅丢在了那克索斯岛（Naxos）上。众神为此惩罚了他。[3]

3秒钟总结

忒修斯杀死了克里特岛上的食人牛头怪。

3分钟任务

设计一个怪物

神话里的食人怪各式各样。有的食人怪不止一个脑袋，有的食人怪有巨大而锋利的爪子，还有的食人怪半兽半人。

本书提到了不少怪物，请从它们的身上取材，亲手设计一个属于你的怪物吧。记得给你的怪物起个吓人的名字。

1　弥诺陶洛斯（Minotaur），米诺斯的妻子帕西淮（Pasiphae）与一头公牛所生的半人半牛的怪物，凶猛残暴，以吃人为生。

2　根据希腊神话，雅典人杀死了米诺斯的儿子，米诺斯发起复仇之战。米诺斯打赢了雅典人并提出了这个要求。

3　从雅典启程时，忒修斯答应父亲埃勾斯（Aegeus），如果杀怪成功，他会把船帆由黑帆换成白帆。离开那克索斯岛之后，忒修斯一想到阿里阿德涅就伤心不已，竟然忘记了换帆。埃勾斯看到黑帆归来，误以为爱子已死，便纵身跳下悬崖，葬身大海。这片海因此得名爱琴海（Aegean Sea）。

阿里阿德涅送给忒修斯
一个线团为他引路
忒修斯杀死
牛头怪
忒修斯把阿里阿德涅
丢在那克索斯岛上
忒修斯和阿里阿德涅
一起离开

希格尔德屠龙（北欧神话）

30秒大揭秘

很久以前，一个名叫赫瑞德玛（Hreidmar）的巫师被他的儿子法夫尼尔（Fafnir）害死了，他的黄金宝藏也被法夫尼尔据为己有。这些黄金来自众神，但却已被降下诅咒，必将给主人带来苦难和死亡。[1] 为了抵抗这恶毒的诅咒，法夫尼尔变成一条龙，终日守护着这份不义之财。

法夫尼尔的兄弟雷金（Regin）把侄子希格尔德（Sigurd）养大成人，要他为赫瑞德玛报仇，夺回宝藏。

希格尔德手持雷金亲手锻造的宝剑出发了。他在法夫尼尔的老巢附近潜伏起来，终于等到法夫尼尔出来喝水。一瞬间，利剑出鞘，恶龙毙命。龙心被希格尔德烤熟吃掉了。

吃了龙心的希格尔德获得异能，能够听懂鸟语。鸟儿们警告他：雷金打算取他性命，抢走黄金。希格尔德先下手为强，杀死了雷金。

3秒钟总结

希格尔德杀死把祖父的黄金据为己有的恶龙，夺回了黄金。

小知识

圣乔治

许多神话里都有屠龙英雄，其中尤以圣乔治（St George）最有名气。他是一名中东骑士，追捕并杀死了一条恐吓全城人的恶龙。当时，这条恶龙已经把全城的小女孩差不多都吃光了，正准备向国王的女儿下嘴。经过一番苦斗，圣乔治将恶龙刺死，救出了公主。

1　根据北欧神话，众神将一个侏儒的黄金全部拿走了，愤怒的侏儒给这些黄金降下诅咒。赫瑞德玛得到黄金之后就被自己的儿子杀死了，这显然是诅咒生效了。

法夫尼尔
法夫尼尔变
成一条龙
希格尔德杀死恶龙
法夫尼尔
杀父窃宝
希格尔德
吃掉龙心
雷金
希格尔德从鸟儿们那里得知
雷金有谋害之心，因此杀死
了雷金

阿海尤塔与吞云怪（美洲印第安神话）

30秒大揭秘

吞云怪（Cloud Eater）是一头可怕的怪物。他住在一座大山里，每天清晨都要登上山顶，张开大嘴，吞掉所有云彩，一朵不留。没有了云彩，天就不再下雨。很快，一场严重的旱灾席卷大地。庄稼枯死，人们挨饿。勇士们到处追寻吞云怪的踪迹，但一无所获。

一个叫阿海尤塔（Ahaiyuta）的男孩也想碰碰运气。他的祖母送给他四根魔法羽毛，分别是红羽毛、蓝羽毛、黄羽毛和黑羽毛。

阿海尤塔把红羽毛插在头发上。在红羽毛的指引下，他走上了一条正确的道路。途中，他遇到了一只地鼠。黄羽毛把他缩小成地鼠的尺寸，蓝羽毛让他可以讲地鼠语。在地鼠的带领下，阿海尤塔进入地鼠洞，穿过一条地道，来到了吞云怪的老巢。他把黑羽毛插在头发上，由此获得了神力。凭借神力，阿海尤塔屠怪成功。云和雨重回大地。

3秒钟总结

在魔法羽毛的帮助下，阿海尤塔杀死了吞云怪。

3分钟任务

通缉犯！

设计一张西部狂野风格的“通缉犯”海报，召集所有勇士追捕吞云怪。海报的内容应该包括：

吞云怪的照片和描述。

吞云怪最致命的特征和最严重的罪行。

给捕获者的奖励。

吞云怪每天吃
掉所有云彩
雨水缺乏导致庄稼枯死
阿海尤塔有四根
魔法羽毛
阿海尤塔
杀死吞云
怪，雨水
重回大地
一只地鼠帮助他
找到了吞云怪

珀耳修斯与美杜莎（希腊神话）

30秒大揭秘

珀耳修斯（Perseus）的外祖父害怕珀耳修斯会杀了自己，就把珀耳修斯和他的母亲达那厄（Danae）扔到了海里。两人后来随海浪漂到了塞里福斯岛（Seriphos），被国王波吕得克忒斯（Polydectes）救下。

一天，波吕得克忒斯邀请珀耳修斯参加宴会，还请他带上一匹马作为礼物。珀耳修斯没有马，所以他请求波吕得克忒斯换个礼物。波吕得克忒斯要求他奉上美杜莎（Medusa）的项上人头。美杜莎是一个能用目光把人变成石头的女妖。

珀耳修斯向众神求助。众神送给他一双带翅膀的鞋、一把锋利的镰刀、一面锃亮的盾牌和一顶隐身头盔。珀耳修斯找到了美杜莎，飞到她的头顶，举起盾牌和镰刀。他眼睛看着美杜莎在盾牌里的影子，同时挥刀砍下她的头，然后把头装进了袋子里。[1]

回到塞里福斯岛之后，波吕得克忒斯想要强娶达那厄。珀耳修斯把美杜莎的头从袋子里拿出来，高高举起，波吕得克忒斯瞬间变成了石头。

3秒钟总结

珀耳修斯凭借众神赐予的礼物，杀死了蛇发女妖美杜莎。

小知识

美杜莎是谁？

美杜莎是被称为“戈耳工”（the Gorgons）的怪物三姐妹之一。她原本是一个美丽的仙女，后来因为严重冒犯了女神雅典娜（Athena），被雅典娜变成了丑陋不堪的蛇发女妖。[2]

1　珀耳修斯之所以眼看盾牌，把美杜莎的头装进袋子里，都是为了避免与美杜莎对视。
2　后来珀耳修斯把美杜莎的头献给了雅典娜，雅典娜把美杜莎的头镶嵌在自己的盾牌上。

波吕得克忒斯
要求珀耳修斯
奉上美杜莎的
项上人头
众神赐予珀耳修斯
几样有魔力的礼物
珀耳修斯用镰刀
砍掉美杜莎的头
珀耳修斯和他的母
亲被国王波吕得克
忒斯救下
珀耳修斯用美杜莎的
头把心怀不轨的波吕
得克忒斯变成了石头

托尔钓鱼（北欧神话）

30秒大揭秘

有一次，海神埃吉尔（Aegir）为众神酿了不少麦酒，可苦于没有足够大的罐子来盛放。托尔知道巨人希密尔（Hymir）有一口大锅，便主动请缨去找希密尔借锅。托尔在希密尔的大殿里过了夜，还美美地饱餐了一顿。

第二天早晨，希密尔出海钓鱼，托尔央求着同去。二神划船出海，他们都铆足了劲儿想要超过对方，结果在海上越划越远。

没多久，希密尔便钓上了两头巨鲸。托尔不想被他比下去，便把一只公牛的头绑在鱼线上当饵。牛头饵刚一入水，就有东西咬钩了！

原来是巨大的海蛇尤蒙刚德[1]，此时它的喉咙已被牢牢地勾住了。吃痛的尤蒙刚德在水中不住地扭动翻滚。托尔两手轮换着把鱼线拽到跟前，举起神锤，砸向蛇头。他砍断鱼线[2]，尤蒙刚德怒吼一声，沉入了海底。

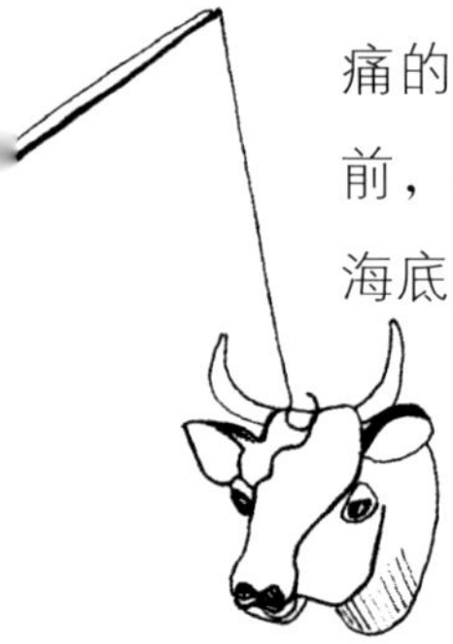

3秒钟总结

托尔和巨人希密尔一同出海钓鱼，托尔钓到了可怕的海蛇尤蒙刚德。

谁是尤蒙刚德？

巨蛇尤蒙刚德是神族的敌人。神族首领奥丁把它从阿斯加德（Asgard，天界）扔到了海里。它在海里变得如此巨大，以至于首尾相接，将整个大地盘绕起来。有人预言尤蒙刚德会死在托尔的手里，而托尔自己也会被尤蒙刚德的毒液毒死。[3]

---

1 尤蒙刚德（Jormungand），又译耶梦加得，意为“庞然大物”，北欧神话中洛基与女巨人的儿子。

2 较为普遍的说法是，希密尔因为惊吓过度而砍断了鱼线。

3 在末日之战“诸神的黄昏”中托尔用神锤击中了尤蒙刚德，但尤蒙刚德的毒液也深入了托尔的身体，双方同归于尽。

托尔和希密尔出海钓鱼
希密尔钓到两头鲸
托尔钓到巨蛇尤蒙刚德
托尔抡起神锤将巨蛇击入海底